Diogenes Taschenbuch 21537

de
te
be

Pedro Calderón de la Barca

Das große Welttheater

In einer Nachdichtung von
Joseph von Eichendorff
Mit einem Nachwort von
Bernhard Michael Steinmetz

Diogenes

Titel der spanischen Originalausgabe:
›El gran teatro del mundo‹
Der Text folgt dem ersten Band
der ›Geistlichen Schauspiele‹
von Don Pedro Calderón de la Barca,
in der Übertragung von
Joseph von Eichendorff
Stuttgart/Tübingen, Cotta, 1846
Umschlagillustration:
Salomon van Rustingh, 1736

Veröffentlicht als Diogenes Taschenbuch, 1987

40/87/8/1
ISBN 3 257 21537 1

DAS GROSSE WELTTHEATER

Personen

DER MEISTER
DAS GESETZ DER GNADE
DIE WELT
DER KÖNIG
DER WEISE
DIE SCHÖNHEIT
DER REICHE
DER LANDMANN
DER BETTLER
EIN KIND
EINE STIMME

DER MEISTER

(erscheint mit Sternenmantel und Strahlenkrone.)

Anmutige Konturen
Der aus der Tiefe dämmernden Naturen,
Die zwischen Licht und Nächten
Des Himmels Abglanz sich erobern möchten
Und die Gestirne überfunkeln
Mit ihren schönen Blumen, die verdunkeln,
Eh' sie noch kaum erglühten,
Ein ird'scher Himmel schnell verwehter Blüten,
Kampfplatz der Elemente,
Ihr luft- und flutumspülten Berggelände,
Wo durch der Lüfte Wellen
Der Vögel Barken bunte Segel schwellen,
Der Fische stumm' Gewimmel
Glückselig schwebt in meeresblauem Himmel,
Wo zuckende Wetterstrahlen
Mit Zornesfeuer ernste Warnung malen
Und auf den waldumkränzten Bergeszinnen,
Als Herr'n des Reiches, Tier' und Menschen sinnen.
Du rastlos Ungeheuer
Aus Erde, Wasser, Luft und Feuer!
In ew'gen Wandelungen
Des Universums Werkstatt kühn entrungen,
Ein Wunder, wie kein zweites noch die Himmel kennen –
Und um mit *einem* Worte dich zu nennen:
Du, Welt! die, wie das Lied vom Phönix singet,
Stets aus der eignen Asche sich verjünget!

(Die Welt erscheint.)

DIE WELT

Wer heißt, zum Leben

Dem rauhen Kern des Balls, der mich umgeben,
Mit so gewalt'gem Rufe mich entsteigen?
Wer, mich mir selbst entreißend, bricht mein Schweigen

DER MEISTER

Dein hoher Herr und Meister;
Gestalt und Form mit sichrer Hand umkreist er,
Ein Hauch von seinem Munde
Enthebt dich hier des Urstoffs finsterm Grunde.

DIE WELT

Und wozu riefst du mich auf dies Gefilde?

DER MEISTER

Es schafft der Bildner sinnend sein Gebilde,
Die eigenen Gedanken
Lebendig dran ins Licht emporzuranken.
Aus eigner Macht bereiten
Will ich ein Fest mir, denn zu allen Zeiten,
Um meine Kraft und Herrlichkeit zu preisen,
Wird die Natur sich festlich mir erweisen;
Und da, vor allen Festen,
An würd'gem Schauspiel sich am allerbesten
Die Geister kräftigen und heben,
Und nur ein Spiel ja alles Menschenleben,
So mag auf deinen Auen
Der Himmel auch ein Schauspiel heute schauen,
Das, bin ich Herr hier eben,
Notwendig von den Meinen wird gegeben.
So hab ich denn aus diesen
Die Menschen, als die tüchtigsten, erkiesen,
Die in gemeßnen Weisen
Auf den vierfach geschiednen Erdenkreisen
Des Welttheaters wacker spielen sollen;

Ich selbst verteil' die Rollen
Nach eines jeglichen Natur und Richtung.
Doch, daß des Festes Dichtung,
Wie sich's gebühret, auch mit allen Prachten
Der Szenerie und mit dem Schmuck der Trachten
Ergötzlich blende,
So rüste du verschwenderisch und behende
Die holden Scheine,
Daß jeder Wirkliches zu schauen meine.
Und nun ans Werk! Derweil ich dirigiere,
Sei du die Bühne und der Mensch agiere.

DIE WELT

Mein erhabner Herr und Meister,
Dessen Winke, dessen Rufe
Alles ehrerbietig lauscht,
Meiner Bühne weite Runde
Öffn' ich denn, auf daß die Menschen
Sich im Schauspiel drauf versuchen,
Und ein jeder, was die Rolle
Fordert, finde hier nach Wunsche.
Blindes Werkzeug deiner Rechte,
Führ ich aus nur, was du schufest,
Meine Tat ist dein Gedanke,
Mein das Werk zwar, *dein* das Wunder –
Erstlich nun – da 's überall
Angemessen wird befunden,
Von der Bühne nichts zu sehn,
Bis der erste Laut erklungen –
Laß ich einen grauen Vorhang
Übers Ganze niederfluten,
Wo chaotisch alle Dinge

Noch verworren und verschlungen.
Doch das soll nicht lange dauern;
Wenn die Nebel sich geschwungen,
Werden rasch, um zu verscheuchen
Des Theaters Dämmerungen
(Denn kein Festtag ohne Licht!),
Himmelskronen dann entzünden:
Hier des Tages heil'ge Fackel
Und des mitternächt'gen Dunkels
Hehre Leuchte dort, umflimmert
Von viel tausend lichten Funken,
Die vom Diadem der Nacht
Die Geschicke niederfunkeln.
Gleich im Anbeginn des Schauspiels,
Wo die schlichte und unschuld'ge
Weltintrige der Natur
Durch den ersten Akt geschlungen,
Soll empor ein Garten tauchen
Mit den zierlichsten Konturen,
Wunderbaren Perspektiven,
Daß man staune, wie's gelungen
Der Natur, so mächt'ges Bild
Zu entwerfen ohne Studien.
Kaum noch aus den ros'gen Knospen
Äugelnd, sollen zarte Blumen
Da zum erstenmal den Morgen
Schüchtern grüßen und verwundert,
Und aus dunklem Laub der Bäume
Lockend goldne Früchte lugen,
Wenn vielleicht nicht schon die Schlange
Neidisch sie mit Gift besudelt;

Tausend Bächlein da zerschlagen
Ihr Kristall in jähem Sturze,
Daß Aurora um sie weine
Und von Tränen perl'n die Fluren;
Und daß um so leuchtender
Dieser Menschenhimmel funkle,
Denke ich in wüste Heiden
Rings zu fassen seine Runde.
Berge zieh ich, wo Gebirge,
Täler tief, wo Niederungen
Zu dem Bilde passend scheinen,
Und wo schon in Aquädukte
Selber sich die Erde klüftet,
Laß ich schlau durch diese Furten
Abgefangne Meeresarme
Weit durchs Land als Ströme funkeln.
Zeigen auch die ersten Szenen
Nirgends eines Bauwerks Spuren,
Soll man doch bald Wunder sehn,
Wie ich in ein paar Minuten
Staaten gründe, Städte baue
Und die Höhen krön' mit Burgen;
Und wenn endlich, überwüchsig,
Der Gebirge Felsenwuchten
Alles zu erdrücken drohen
Und die Lüfte fast verdunkeln,
So verwandl' ich rasch die Bühne,
Daß, vom Sturm aus tiefstem Grunde
Aufgewühlt, *ein* Ozean
Alle Gipfel überflute
Und im unermeßnen Leer,

Zwischen grauer Wolken Zuge,
Nur ein einsam Schiff erscheine,
Das durch alle Schrecken furchtlos,
Auf noch nie befahrner Bahn,
Sichre, stille Gleise furchet,
Und Geflügel, Tier' und Menschen
Rettend birgt in seinem Rumpfe.
Doch wenn drauf der Friedensbogen
Über Meer und Schiff geschwungen,
Mit den milden Himmelsfarben,
Blau und violett und purpurn,
Durch das Grauen niederstrahlt:
Bricht des Elementes Wut sich,
Und erschrocken beugt die Woge
Dem Gesetz sich ihres Ursprungs
Vor der Felsenstirn der Erde,
Die nun aus dem Grab der Fluten
Wiederum ihr Antlitz hebt,
Wenn auch bleich, verweint und stumm noch.
Ungesäumt nun folgt der zweite
Aufzug nach des ersten Schlusse:
Der vom Moses – und hier muß ich
Meinen Fleiß zu mehren suchen,
Denn, um dorthin zu gelangen,
Kommen eilig, trocknen Fußes,
Aus Ägypten angerückt
Durch das Rote Meer die Juden.
Dort, wenn so die Flut sich teilt,
Soll die Sonne sich verwundern,
Was ich ihr für Klüfte zeige,
Die sonst tief im Wasser ruhten.

Doch schon mit zwei Feuersäulen
Leuchtet sie voran dem Zuge,
Denn durch Wüsten geht der Weg,
Zum verheißenen Genusse,
Und um das Gesetz zu holen,
Hat den Moses, raschen Fluges,
Jetzt auf einen mächt'gen Berg
Ein Gewölk emporgeschwungen.
Aber dieser zweite Akt
Bricht in Schrecken aus zum Schlusse:
Wie im Todesschlummer dämmernd,
Wird die Sonne sich verdunkeln,
Und in tiefen Fieberschauern
Wird man da die Himmelskugel
Irre wanken sehn und weichen
Alle Kreis' aus ihren Fugen,
Berge bersten und die Mauern
Taumeln, wie von Wahnsinn trunken,
Bis der ganze morsche Bau
Rings in Trümmer ist gesunken –
Drauf beginnt der dritte Akt,
Der von Ahnungen durchklungen,
Daß hier Höheres im Spiel:
Das Gesetz des neuen Bundes –
Eitel Streben, zu ergründen
Dieses Wunder aller Wunder! –
Also wird man in drei Akte,
Nach den dreierlei Statuten,
Einst die Weltenalter teilen
Von Jahrhundert zu Jahrhundert,
Bis zuletzt die ganze Bühne

Mit all ihrem reichen Prunke –
Daß auch Feuerwerk nicht fehle
Bei dem Fest – im Blitzeszucken
Unversehns von einem grimmen
Feuermeere wird verschlungen.
Hier versagt mir meine Stimme
Und mein bleicher Mund verstummt,
Denn, schon es zu ahnen, schaudr' ich,
Es zu denken, sprengt die Brust mir,
Und ich bebe, auszusprechen
All das unermeßne Unglück.
Oh, daß dieser Tag noch lange
Weilte in der Zeiten Grunde
Und ihn nie die Völker schauten,
Die noch ruhn im Schoß der Zukunft! –
Nun, in den drei Akten sehen
Wohl die Menschen manches Wunder,
Und nicht einem soll da fehlen,
Was für's Schauspiel ihm von Nutzen.
Und da ich nun das Theater
Ausgerüstet ganz nach Wunsche,
Wirst du selbst wohl, was das Spiel
Anbetrifft, wie ich vermute,
Alles schon im Sinne haben,
Denn in *deinem* Sinn verbunden
Sind die Menschen, eh' sie sind,
Schon versichert ihres Ruhmes.
Doch daß jeglicher imstande,
Auf der Bühne, deinem Rufe
Folgend, auf- und abzutreten,
Habe ich zwei Türen hurtig

Eingerichtet: hier die Wiege,
Dort das Grab im Hintergrunde;
Und nicht minder auch gedacht' ich
Des Kostüms und nöt'gen Putzes,
Wie die Rollen ihn erheischen,
Denn bereit halt ich zur Stunde
Für den, der den König gibt,
Lorbeerkränze und den Purpur,
Für den tapfern Feldhauptmann
Waffen, Ansehn und Triumphe,
Dem, der den Minister spielt,
Geb ich Bildung, Bücher, Schulen,
Geistlich Regiment dem Mönche,
Dem Verbrecher manchen Unglimpf,
Ehr' und Pracht dem Edelmann,
Privilegien den Kommunen.
Auch den Landmann, der um eines
Toren Schuld in Angst und Kummer
Muß den harten Boden bauen,
Rüst ich aus mit Hack' und Pfluge;
Doch vor allen dann des Schauspiels
Dame zier ich mit dem Schmucke
Höchster Schönheit, diesem süßen
Gifte für so viel Unschuld'ge;
Nur den Bettler laß ich laufen,
Weil das seines Parts Natur so.
Keiner soll sich da beklagen,
Daß er nicht bereit gefunden,
Was er für sein Rollenfach
Irgend nur an Schmuck bedurfte.
Macht er dennoch seine Sache

Schlecht dann, so ist's meine Schuld nicht,
Sondern seine – und da nun
Schon gerüstet all der Plunder,
So kommt, Sterbliche, herbei,
Um sich einzeln auszuputzen;
Auf dem großen Welttheater
Zeige jeder seine Kunst nun!
(Geht ab.)

DER MEISTER

All ihr, noch im Nichts verloren,
Ruf euch dennoch auf zum Licht,
Denn vor meinem Angesicht
Seid ihr, eh' ihr noch geboren;
Heiß' zu jenen Blumenfloren,
Hört ihr mich auch nicht, euch eilen,
Wo der Zedern schlanke Säulen,
Palm und Lorbeer eurer warten –
Um an alle in dem Garten
Nun die Rollen zu verteilen.
(Es erscheinen: der Reiche, der König, der Landmann, der Bettler, die Schönheit, der Weise und ein Kind.)

DER KÖNIG

Meister, siehe hier die Deinen!
Nicht geboren erst zu werden
Braucht ja dein Geschöpf auf Erden,
Um vor dir, Herr, zu erscheinen.
Noch beschwingt die Seele keinen.
Ohne Leben, ohne Sinnen,
Trüb, gestaltlos wir zerrinnen
Wie der Rauch, des Windes Raub;

Hauch beseelend an den Staub,
Daß wir unser Spiel beginnen!

DIE SCHÖNHEIT

Deines Denkens Schattenrisse
Sind wir, die nicht schaun, nicht leben,
Falb im unentschiednen Schweben
Nichts von Gut und Bösem wissen;
Drum, wenn aus der Welt Kulissen
Wir hervor hier treten sollen,
So verteile nun die Rollen,
Denn es ziemt uns allzumal
Nimmer in dem Stück die Wahl,
Welchen Part wir spielen wollen.

DER LANDMANN

Herrscher über dieses Land,
Den ich heut erst kennenlerne,
Deinem Winke folg ich gerne,
Als das Machwerk deiner Hand.
Und da dir gar wohl bekannt
(Denn nichts birgt sich Gottes Blicke),
Welcher Part sich für mich schicke:
Kann ich, sollt' ich steckenbleiben,
Nicht dem Part die Schuld zuschreiben,
Sondern meinem Ungeschicke.

DER MEISTER

Wollte ich die unruhvollen
Menschen um die Wahl befragen,
Auch nicht einem wohl behagen
Möchten dann des Leidens Rollen,
Alle würden herrschen wollen
Über alle frank und frei,

Und es fiele keinem bei,
Daß auf dieser Bühnenwelt,
Was er für das Leben hält,
Eben nur ein Schauspiel sei.
Doch ich, Autor dieser Märe,
Weiß, was jeder leisten kann,
Und so nimm denn jedermann,
Welchen Part ich ihm beschere.
(Die Rollen verteilend.)
Spiel den König du.

DER KÖNIG

O Ehre!

DER MEISTER

Du, die Dame, leucht als Sonne
Ird'scher Schönheit.

DIE SCHÖNHEIT

Welche Wonne!

DER MEISTER

Du den reichen Kavalier.

DER REICHE

Oh, so ward das Glückslos mir,
Wolkenlos zu schaun die Sonne!

DER MEISTER

Und des Landmanns Part sei dein.

DER LANDMANN

Ist ein Dienst das oder Würde?

DER MEISTER

Eine arbeitsel'ge Bürde.

DER LANDMANN

Werd ein schlechter Werkmann sein.
Nein, ich bitt Euch, Herre mein,

Stamm ich gleich von Adam her,
Macht mir's doch nicht gar so schwer!
Zwar ein Landgut wär' mir lieb,
Doch ein rechter Tagedieb
Steckt in mir, irr ich nicht sehr;
Denn nach meinem Naturelle,
Und so neu in solchen Dingen,
Werd ich schlecht den Spaten schwingen,
Oft mich ausruhn auf der Schwelle.
Wär' hier »Nein« an rechter Stelle,
Gleich wär' ich damit zur Hand,
Aber vor so feinem Grand',
Fürcht ich, nützt mir's gar nicht viel,
Und so bleib ich in dem Spiel
Wohl der schlechtste Komödiant.
Doch Ihr habt Erfahrenheit,
Die den Hut mißt nach dem Kopfe,
Also auch mir armem Tropfe
Meine Dummheit wohl verzeiht.
Gebt ja jedem Schaf sein Kleid;
Was sollt' ich da lamentieren!
Dadurch laßt Ihr mich ja spüren:
»Mensch, du sollst nichts übertreiben«,
Und so, um bei Kraft zu bleiben,
Will ich hübsch gemach agieren.

DER MEISTER

Weisheit hab ich *dir* erkoren.

DER WEISE

Hohe Gunst erweist du mir.

DER MEISTER

Den armsel'gen Bettler dir.

DER BETTLER

Gibst du mich so ganz verloren?

DER MEISTER

(zu dem Kinde.)

Und du stirbst, eh' du geboren.

DAS KIND

Da ist meine Müh' gar klein.

DER MEISTER

Weislich richt ich's also ein,
Daß, wer lebt, mitspielend strebe,
Und ich selbst sein Fach ihm gebe –
Denn so frommt es eurem Sinn.

DER BETTLER

Könnte ich mein Los vermeiden,
Ach, wie gerne gäb' ich's hin,
Denk ich recht in meinem Sinn
Meiner Rolle bittre Leiden.
Doch ich kann hier nichts entscheiden,
Wenn ich mich auch des erfrechte,
Aber du erwäg' das Rechte,
Nicht, was nimmer dir zu sagen
Darf der arme Bettler wagen,
Nein, was er dir sagen *möchte*:
Weshalb ward der Armut Pflicht
Mir zuteil in der Komödie?
Diese nur für mich Tragödie
Und für alle andern nicht?
Warum ich ein armer Wicht?
Weshalb, da für meinen Part
Mir dieselbe Seele ward
Wie dem Könige beschieden,

Unsre Rollen nun hienieden
Von so ganz verschiedner Art?
Hättest du zu anderm Streben
Mich aus anderm Stoff gebaut,
Wen'ger Seele mir vertraut,
Wen'ger Sinne mir gegeben:
Nun, so tröstet' ich mich eben,
Daß hier andre Gründe walten.
Doch so scheint's ein strenges Schalten,
– Ja verzeih – erscheint es hart,
Daß er, der nicht besser ward,
Beßre Rolle soll erhalten.

DER MEISTER

Wisse, diese Bühne ziert
Minder nicht, wer ohne Fehle,
Schlicht und recht aus voller Seele
Mit dem Bettelstab agiert,
Als wer Kron' und Zepter führt;
Und wenn einst der Vorhang fällt,
Werden beide gleichgestellt.
Halt dich wacker und vergesse
Nimmer, daß ich dir bemesse,
Gleich dem Kön'ge, dein Entgelt.
Wähne nicht, ob noch so wild
Dir das kurze Leben grolle,
Daß darum des Königs Rolle,
Hast du *deine* ausgefüllt,
Meinem Recht nach höher gilt;
Voller Lohn wird nach Gebühr
Einst euch beiden, ihm wie dir.
Jede Rolle kann dich heben,

Denn das ganze Menschenleben
Ist ja nur ein Schauspiel hier;
Und ist dann das Spiel geschlossen:
Speist an meiner Seit' zu Nacht,
Wer's am besten hat gemacht
Und getreu und unverdrossen
Seiner Rolle Geist erschlossen –
Dort mach ich euch beide gleich.

DIE SCHÖNHEIT

Doch wie heißt in deinem Reich
Nun das Stück, zu dem wir kamen?
Sag uns, Herr, erst seinen Namen.

DER MEISTER

»Tue recht – Gott über euch.«

DER KÖNIG

Not tut's, daß wir nichts versehn
In so wunderbarem Stücke.

DER REICHE

Darum, daß es besser glücke,
Laßt uns an die Probe gehn.

DER WEISE

Ei, wie könnte dies geschehn,
Da wir, eh' das Stück beginnt,
Alle seelenlos noch sind,
Ohne Licht und ohne Leben?

DER BETTLER

Doch wie läßt ein Stück sich geben
Aus dem Stegreif so geschwind?

DER LANDMANN

Recht hat der da mit der Krücke
(Denn das hab ich schon erlauert,

Daß, wer bettelt und wer bauert,
Sich wie Hans zur Grete schicke).
Seht, selbst eins der alten Stücke,
Noch so oft schon aufgeführt,
Wird's nicht wiederum probiert,
Fällt's nicht aus zu sonderm Lobe;
Wie nun, wenn man ohne Probe
Gar ein *neues* hier agiert?

DER MEISTER

Ruhm wird sich das Spiel erwerben,
Nehmt ihr immerdar in acht,
Daß der Himmel richtend wacht,
Daß ihr wurdet, um zu sterben.

DIE SCHÖNHEIT

Und doch fürcht ich's zu verderben,
Da wir alle noch nicht wissen,
Wenn wir nahn und abgehn müssen.

DER MEISTER

Auch dies bleibe euch verhüllt.
»Werden, sterben« zeigt im Bild
Euch der Ein- und Ausgang an.
Haltet nur in allen Wirren
Abzutreten euch bereit,
Denn ich rufe, kommt die Zeit.

DER BETTLER

Doch wenn wir vielleicht uns irren,
Geist und Sinne sich verwirren?

DER MEISTER

Für die sämtlichen Genossen
Habe ich ein Buch erschlossen,
Dem, des Sinne sich verdüstern,

Draus einhelfend zuzuflüstern;
Dem Gemeinen wie dem Großen,
Allen dieses Buch bedeutet,
Was zu tun zu jeder Frist.
Also klagt nicht! Frei nun ist
Euer Wille und bereitet
Steht die Bühne ... so durchschreitet
Denn vom Aufgang nun sogleich
Bis zum Niedergang das Reich
Eures ird'schen Seins.

DER WEISE

Was stehen
Wir noch zögernd?

ALLE

Laßt uns gehen,
Recht zu tun – Gott über euch!
(Indem sie abgehen wollen, kommt ihnen die Welt entgegen.)

DIE WELT

Kommt! Ihr findet alles drinnen.
Schmückt euch nur aufs allerbeste
Zu dem Schein- und Schauspielfeste,
Daß es würdig mag beginnen.

DER KÖNIG

Nach der Krone steht mein Sinnen.

DIE WELT

Warum Kron' und Lorbeer dir?

DER KÖNIG

Weil dies meiner Rolle Zier.

DIE WELT

Nun, so nimm den Schmuck dahin.

(Sie reicht ihm Krone und Purpur,
der König geht ab.)

DIE SCHÖNHEIT

Volle Kränze von Jasmin,
Nelken, Rosen reiche mir!
Blitz auf Blitz, durch alle Zweige,
Laß die Frühlingslichter spielen,
Laß die Blumenaugen zielen
Aus des Maien buntem Reiche,
Daß, besiegt, vor Neid erbleiche,
Wenn sie mich erblickt, die Sonne,
Und die Blume, die zum Bronne
Ihres Lichts die Blicke sendet,
Sei fortan nach *mir* gewendet,
Sonnenblume mir die Sonne.

DIE WELT

Ei, wie gar so eitelsinnig
Trittst du, Kecke, in die Welt!

DIE SCHÖNHEIT

Darauf ist mein Part gestellt.

DIE WELT

Und der ist?

DIE SCHÖNHEIT

Die Schönheit bin ich.

DIE WELT

Oh, so töne Lenz, herzinnig,
Funkeln soll's und Blüten schnei'n!
Strahl im Frühlingswiderschein!
(Sie gibt ihr einen Blumenstrauß.)

DIE SCHÖNHEIT

Farbentrunken will ich schreiten,

Blumen sollen Tepp'che breiten,
Spiegel mir die Quellen sein. *(Ab.)*

DER REICHE

Gebet Pracht und Reichtum mir,
Mir, was ihr bewahrt an Schätzen!
Mich behaglich zu ergötzen
Auf der Welt, erschein ich hier.

DIE WELT

Ja mein Innres will ich dir
Auftun, all Geklüft zertrümmern!
Die da in der Tiefe schimmern:
Gold und Silber, das ich karg
Seit Jahrhunderten dort barg,
Soll nach Wunsche dich umflimmern.

DER REICHE

Schwindelnd immer höher streben –
O des Glückes, das mir ward! *(Ab.)*

DER WEISE

Ich erfleh' für meinen Part
Ein Stück Erde, drauf zu leben.

DIE WELT

Welcher Part ist dir gegeben?

DER WEISE

Weisheit und die Lernbegier.

DIE WELT

Steht's um dich so geistlich hier,
Nun so bet' und faste sehr.
(Sie reicht ihm Kutte und Geißel.)

DER WEISE

Weise wär' ich nimmermehr,
Nähm' ich anderes von dir. *(Ab.)*

DIE WELT

(zum Kinde.)
Wie? und *du* magst nichts begehren?
Ohne Wünsche trittst du auf?

DAS KIND

Ach, zu meinem Lebenslauf
Kann ich deiner ganz entbehren.
Ungeboren heimzukehren,
Brauch ich so viel Zeit nur eben,
Um aus dunklem Kerkerleben,
Aus der Nacht in Nacht zu wandern;
Und ein Grab, wie allen andern,
Mußt du mir zuletzt doch geben. *(Ab.)*

DIE WELT

Was willst du denn, grober Knolle?

DER LANDMANN

Was ich gern dir selbst verehrte.

DIE WELT

Ei, zeig, was man dir bescherte.

DER LANDMANN

Ei, was schert dich meine Rolle?

DIE WELT

Das schmeckt ziemlich nach der Scholle;
Wett ich doch, daß dieser Derbe
Sich als Knecht sein Brot erwerbe.

DER LANDMANN

Traun, du hast mein Glück erraten.

DIE WELT

Nun, so nimm denn diesen Spaten.
(Sie reicht ihm denselben.)

DER LANDMANN

Das ist Adams saubres Erbe.
Ja, Herr Adam konnt's wohl wissen,
Der so hochgelahrt doch war,
Daß sein Weib seit manchem Jahr
Des Geschwätzes sich beflissen;
Ich hätt' nicht mit dreingebissen,
Mocht' sie schwatzen Tag und Nacht!
Doch der Fant hat wohl gedacht:
»Ach, sie fleht so flehentlich!«
Und so hat er denn, wie ich,
Seine Rolle schlecht gemacht. *(Ab.)*

DER BETTLER

Da ich, was die Welt beglücke,
Andern dich verteilen sehe:
Nun, so gib denn mir das Wehe,
Gib mir Leiden, Mißgeschicke.
Von dem überreichen Glücke
Will ich ja der Kronen keine,
Nicht des Frühlings bunte Scheine,
Silber nicht, noch Gold für mich,
Nur um Lumpen bitt ich dich.

DIE WELT

Welche Rolle ist die deine?

DER BETTLER

Meine Rolle ist die Trauer,
Ist der Jammer, ist der Schrecken,
Mitleid hier, dort Graun erwecken,
Vor den Türen auf der Lauer,
Zähneklappern, Fieberschauer,
Zwischen Furcht und Unglück schweben,

Lästig allen, die mich laben,
Immer was zu bitten haben,
Nimmer andern was zu geben.
’s ist der Schimpf und das Verachten,
Schande, bittres Herzeleid,
Ekler Schmutz, die Niedrigkeit,
Stets nur nach der Notdurft trachten
Und vor Elend doch verschmachten,
Nie am eignen Herd erwarmen,
Ohne Trost im tiefsten Harme,
Hunger, Durst bis in den Tod,
Es ist die gemeine Not –
Denn das alles ward dem Armen.

DIE WELT

Für dich hab’ ich nichts zur Hand!
Wem des Bettlers Rolle fällt,
Der empfängt nichts von der Welt,
Ja, selbst noch dein Stück Gewand
Nehm’ ich dir – So nun ins Land
Wandre nackt und bloß hinaus,
Denn ich kenn’ mein Amt im Haus.

DER BETTLER

Arge Welt, wie bist du trüglich!
Schmückst den Glücklichen vergnüglich,
Und den Bettler ziehst du aus! *(Ab.)*

DIE WELT

Mannigfalt’ge Stände dort
Seh ich nun zur Bühne schreiten:
Einen König, seiner weiten
Reiche hochbeglückten Hort,
Schönheit, deren Zauberwort

Alle Sinne hält gefangen,
Mächt'ge, die in Weltruhm prangen,
Bettler, singend ihre Lieder,
Bauern, fromme Ordensbrüder,
All, auf höheres Verlangen,
Sind, das Schauspiel darzustellen,
Vor den Schranken schon erschienen;
Ich geb das Theater ihnen,
Kostümiere die Gesellen
Und misch Glücks- mit Unglücksfällen –
Tritt nun, heil'ger Meister, ein,
Schau der Menschen Lust und Pein!
Erde, öffne deine Bühne,
Denn des Erdenfrühlings Grüne
Soll des Spieles Schauplatz sein!
(Musik. Es eröffnen sich zwei Bühnen übereinander, auf der oberen erblickt man einen von Glorien umgebenen Thron, auf welchem der Meister sitzt; die untere Bühne hat zwei Türen, von denen die eine mit einer Wiege, die andere mit einem Sarge bezeichnet ist.)

DER MEISTER

Da ich für des Himmels Höhen
Dieses Schauspiel mir ersonnen,
Will ich vor dem Thron der Wonnen,
Um den ew'ge Sonnen gehen,
Nach den Meinen prüfend sehen –
Die ihr wandelt auf und ab
Von der Wiege nach dem Grab,
Menschen! Innerlich erwacht,
Nehmt nun euer Tun in acht,
Denn der Meister schaut herab.

DER WEISE

(erscheint mit einer Laute und singt.)

Mond, Sonne, Sterne! Des Herren Ehre
Laßt durch die Himmel tönen,
Stimmet ein, ihr schönen
Blumen, der Erde Charaktere!
Lobsinge du, Licht, das alle weckt,
Du funkelnder Tau, der Flamme Sprühen,
Eisiger Winter und Sommerglühen,
Und was da unten der Vorhang deckt,
Denn wo die Höhen sich lichten,
Wird Er ob Gutem und Bösem richten. *(Ab.)*

DER MEISTER

Schönres ist mir nie erklungen,
Als aus treuer Menschenbrust
Dieser Hymne ernste Lust,
Die, von Daniel einst gesungen,
Seines Königs Zorn bezwungen.

DIE WELT

Wer wird den Prolog nun geben?
Doch aus Himmelshöhen eben
Seh ich, auf des Meisters Wort,
Das Gesetz der Gnade dort
Leisen Flugs herniederschweben
Nach der Erde Gipfeln hin.

DAS GESETZ

(mit einem Buch in der Hand, auf einer Höhe erscheinend.)

Hört! Ich, das Gesetz der Gnade,
Alle zu dem Schauspiel lade;
Allen bin ich Helferin,

Die da irren; Kern und Sinn
Eures Spiels in diesem Reich
Faßt in *eines* Spruchs Bereich
Dieses Buch – da steht geschrieben:
Sollst, wie dich, den Nächsten lieben,
Tue recht, Gott über euch!

DIE WELT

Der Prolog war gar nicht dumm;
Sie hilft aus nun, geht's wo krumm.
Beifall klatschen möcht ich hier,
Denn die Gnade sprach zu *mir*,
Als des Festes Publikum –
Aber still, denn jetzt beginnt es,
Sieh, da treten sie schon ein.
(Die Schönheit und der Weise kommen aus der Türe der Wiege.)

DIE SCHÖNHEIT

Komme mit mir, laß uns schweifen
Durch des Gartens Blütenreich,
Der die süße Lust der Sonne
Und die Heimat ist des Mais,
Denn beim holden Kusse beider
Nur erschließt er, strahlentrunken,
Seinen Widerschein der Sonne
Und den Blumenschmelz dem Mai.

DER WEISE

Weißt ja, daß ich's nimmer liebe,
Ob es Winter oder Mai,
Die willkommne Haft zu brechen
Meiner stillen Einsamkeit.

DIE SCHÖNHEIT

Soll denn, was die andern freut,
Dir nur rauh und strenge sein?
Hat der Tag nicht seine Wonne?
Warum, sprich, hat Gott gestreut
Blumen über die Gefilde,
Wenn wir in der schönen Zeit
Ihren würz'gen Duft nicht atmen?
Wozu hieß er weit und breit
Vöglein mit dem süßen Schalle
Buntbeschwingte Zithern sein,
Ziehn sie ungehört vorüber?
Wozu Perl' und Edelstein,
Wenn wir nicht mit edlem Stolze
Sie zu würd'gem Schmuck uns reihn?
Warum gab der Herr die Früchte,
Wenn der goldbeladne Zweig
Dir vergebens süße Labung
Aus dem dunkeln Laube reicht?
Warum endlich schuf er Himmel,
Berge, Tal und Sonnenschein,
Mag kein Aug' sich dran ergötzen?
Ja, mit vollem Recht erscheint
Undankbar, wer sich an Gottes
Schönen Wundern nicht erfreut.

DER WEISE

Freun sich, um sie zu bewundern,
Und *Ihm* Dank dafür zu weihn,
Ist ein wohlerlaubtes Tun,
Aber irrig, so du meinst,
Es sei ringsumher erstanden

Der Geschöpfe Herrlichkeit,
Nur zur Lust dir, ohne ihres
Schöpfers eingedenk zu sein. –
Nein, ich bleib in meiner Klause
Frommer Abgeschiedenheit,
Drin mein Leben zu versenken;
Drum ward Weisheit mir zuteil.

DIE SCHÖNHEIT

Und mir, um gesehn zu werden
Und zu sehn, der Schönheit Preis.
(Sie scheiden voneinander.)

DIE WELT

Schönheit und die Weisheit blieben
Nur gar kurze Zeit vereint.

DIE SCHÖNHEIT

Flechtet Netze, meine Locken!
Fange, meine Lieb', fang ein,
Was gleichgültig schweift auf Erden
Und die Herzen kalt wie Eis.

DIE WELT

Eine von den beiden Rollen
Scheint mir hier verfehlt zu sein.

DER WEISE

Wie am mächtigsten beflügl' ich
Meinen Geist?

DIE SCHÖNHEIT

Wie richt' ich's ein,
Meiner Schönheit froh zu werden?

DAS GESETZ

Tue recht – Gott über euch!

DIE WELT

Der Souffleur läßt sich vernehmen –
Schönheit hört's nicht, geht vorbei.
(Der Reiche tritt auf.)

DER REICHE

Da verschwenderisch der Himmel
Macht und Gut mir heut verleiht,
Sei's dem fröhlichen Ergötzen
Auch verschwenderisch geweiht,
Nichts sei meinem Wunsch zu hoch,
Was mir wünschenswert erscheint,
Meinen Tisch schmück', was da fliegt
Oder durch die Wälder schweift,
Meine Heimat schlag ich auf
In Frau Venus' heiterm Reich,
Süßes Ruhen, stolz' Behagen,
Mißgunst, Lust und goldner Wein
Sollen all mein Sein beherrschen!
(Der Landmann kommt.)

DER LANDMANN

Wer sah härtres Los als meins?
Ich zerkratze *der* den Busen,
Die mir ihre Brust gereicht,
Um alltäglich meine Nahrung
Mütterlich mir zu verleihn.
Ja, ich, der Regent des Pfluges,
Bin's, der ihre Stirn zerreißt
Und für ihr freigebig Wesen
Manchen Hieb und Streich ihr beut.
Axt und Beil sind meine Waffen,
Und allzeit zum Kampf bereit,

Schlage ich mich durch mit Sichel,
Sense in der Erntezeit.
Etwas Wassersucht verspür ich
Jährlich im April und Mai,
Aber ohne Wasser würd' ich
Nur noch wassersücht'ger sein.
Braucht man irgendeine Steuer,
– Die Aussteuer dieser Zeit –,
Gleich wird frisch drauflosgesteuert
Auf das arme Bäuerlein.
Aber wart nur, muß ich schwitzen,
Nun, so soll auch meinen Schweiß
Mir mein Kunde wohl bezahlen,
Denn ich stelle selbst den Preis.
Was bekümmert mich die Taxe
Und was der und jener meint?
Seine Schuld ist's, wer da kauft,
Hält er nicht die Taxe ein.
Regnet's diesen Mai nicht – und ich
Bitte Gott um Trockenheit –,
Ei, so weiß ich, daß mein Weizen
Um ein paar Dukaten steigt,
Und so werd ich Rübezahl
Bald der ganzen Gegend sein,
Alles wird mich fürchten, ehren. –
Doch, so aufgebläht und reich,
Was dann fang ich weiter an?

DAS GESETZ

Tue recht – Gott über euch!

DIE WELT

Hörst du den Souffleur nicht flüstern?

DER LANDMANN

Bin ein wenig taub zur Zeit.

DIE WELT

Der besteht auf seinem Kopfe.

DER LANDMANN

Nein, ich steh auf meinem Bein.
(Der Bettler tritt auf.)

DER BETTLER

Wer von allen, die da leben,
Sah wohl jemals größre Pein,
Als die meine ist? Mein bestes
Ruhelager ist der Stein,
Und ob auch der ganze weite
Himmel meine Decke sei,
Bleiben doch mir Schlafgesellen
Sonnenglut und kalter Reif,
Durst und Hunger meine Wecker.
Wolle Gott Geduld verleihn!

DER REICHE

Was beginn ich, meine Pracht
Recht zu zeigen?

DER BETTLER

All die Pein
Zu ertragen, wie beginn ich's?

DAS GESETZ

Tue recht – Gott über euch.

DER BETTLER

Oh, wie trostreich diese Stimme!

DER REICHE

Recht langweilig fällt sie ein!

DER WEISE

Da – der König kommt zum Garten.

DER REICHE

Wie mein stolzer Sinn sich sträubt,
Sich vor irgendwem zu beugen!

DIE SCHÖNHEIT

Ich stell mich ihm vor, vielleicht
Glückt es, daß vor meiner Schönheit
Sich, besiegt, der Hohe neigt.

DER LANDMANN

Und ich geh, denn sieht er mich,
Kommt ihm das Gelüsten gleich
Mich von neuem zu beschatzen,
Solche Gunst ist stets mein Teil.
(Der König tritt auf.)

DER KÖNIG

Allzu enge und beschränkt
Für mein schrankenloses Reich
Sind die Marken all der Gauen,
Die dies niedre Rund begreift.
Über allem, was die Sonne
Anblitzt und das Meer umkreist,
Steh ich als Gebieter da.
Über alle herrsch ich frei,
Und es werfen die Vasallen
Nieder sich, geh ich vorbei. –
Was bedarf ich noch hienieden?

DAS GESETZ

Recht zu tun – Gott über euch.

DIE WELT

Traun, der kommt mit seinem Spruche
Überall zur rechten Zeit!

DER BETTLER

Doppelt unglückselig bei des
Fremden Glückes Widerschein
Steh ich hier in meinem Elend.
Dort sonnt in der Herrlichkeit
Seiner Hoheit sich der König
Und bedenkt nicht, daß ich sein
Nicht entbehren kann. Die Dame,
Ganz versenkt in Eitelkeit,
Ahnt kaum, daß es in der Welt
Kummer gibt und herbe Pein.
Auch der Mönch, der dem Gebete
Alle seine Stunden weiht,
Dient er Gott auch recht, so dient er
Ihm doch mit Bequemlichkeit.
Selbst der vielgeplagte Landmann,
Kehrt er müd' vom Felde heim,
Findet, wenn auch nicht verschwendrisch,
Dennoch seinen Tisch bereit,
Und der Reiche schwelgt in allem,
Während in der Welt allein
Ich an allem Mangel leide.
Und so nah' ich allen heut,
Denn sie können ohne mich,
Ohne sie kann ich nicht sein.[1]
Zu der Schönheit faß ich jetzt

[1] *Erstausgabe: Denn sie können ohne mir, / Ich nicht ohne ihnen seyn.*

Mir ein Herz – Barmherzigkeit!
Eine Gabe!

DIE SCHÖNHEIT

(ohne ihn zu beachten.)
Sprecht, ihr Quellen,
Die ihr meine Spiegel seid,
Welcher Schmuck ziert mich am schönsten?
Steht mir diese Locke fein?

DER BETTLER

Seht ihr mich nicht?

DIE WELT

Tor! Gewahrst nicht,
Daß dein Hoffen eitel sei?
Wie mag, wer sich selbst vergessen,
Andrer eingedenk noch sein?

DER BETTLER

(zum Reichen.)
Ach, aus Eurem Überflusse
Schenkt mir eine Kleinigkeit.

DER REICHE

Gibt's nicht Türen, dran zu klopfen?
Dringt man bis zu *mir* herein?
Dort im Vorhaus an der Schwelle
Harret man und bittet leis,
Fällt nicht mit der Tür ins Haus.

DER BETTLER

Seid nicht hart, erbarmt Euch mein!

DER REICHE

Fort da, unverschämter Bettler!

DER BETTLER

Wer zur Lust so vielerlei

Wegwirft, hätte der für mich
Nicht auch etwas übrig?

DER REICHE

Nein.

DIE WELT

's ist der Geizhals und der Arme
Aus dem Gleichnis, wie mir scheint.

DER BETTLER

Da er nicht die Not begreift,
Wag ich's, mich in meinem Leid
An den König selbst zu wenden –
Herr, gedenkt in Milde mein!

DER KÖNIG

Meinen Großalmosenier
Setzt' ich zu dem Zwecke ein.

DIE WELT

Mit Ministern schanzt der König
Klüglich sein Gewissen ein.

DER BETTLER

(zum Landmann.)
Guter Landmann, da für jedes
Körnlein, das Ihr ausgestreut,
Euch das Zehn- und Hundertfache
Gottes Segen hat erteilt,
Oh, so helft mir in dem Elend!

DER LANDMANN

Freund, hat es mir Gott erteilt,
Hieß es erst auch wacker pflügen,
Und es kostet meinen Schweiß.
Saget, schämt Ihr Euch denn gar nicht?
So ein Kerl, stark und breit,

Und zu betteln! Dienst genommen,
Nicht so faul durchs Land geschweift!
Und gibt's einmal schmale Bissen,
Nun, zum Henker! Nehmt das Beil,
Euer Brot Euch zu verdienen!

DER BETTLER

Aber in dem Schauspiel heut
Ward mir ja des *Armen* Rolle,
Nicht des Landmanns Part zuteil.

DER LANDMANN

Mit der Rolle gab der Meister
Euch doch nimmer das Geheiß,
Nur als Vagabund zu betteln,
Denn die Arbeit und der Schweiß
Paßt recht zu des Armen Rolle.

DER BETTLER

Ach, um Gott's Barmherzigkeit,
Bruder, Ihr seid gar zu strenge.

DER LANDMANN

Und Ihr gar zu betteldreist.

DER BETTLER

(zum Weisen.)
Reicht mir eine milde Gabe!

DER WEISE

(ihm Brot gebend.)
Nehmt – verzeiht die Kleinigkeit.

DER BETTLER

Ja, barmherzig Brot zu spenden,
Ziemt vor allen andern Euch,
Da ja stets das Brot des Lebens
Uns der heil'ge Glaube reicht.

DER WEISE

Weh!

DER KÖNIG

Was gibt es?

DER BETTLER

Wohl im Wandern
Irgendeines Trübsals Stein
Hat den Glaubenshort verwundet.

DER KÖNIG

(dem Weisen die Hand reichend.)
Wo er wankt, steh ich ihm bei.

DER WEISE

Wohlgetan war's, denn kein andrer
Kann so kräft'gen Arm ihm leihn. –

DER MEISTER

Manchen Fehl könnt' ich verbessern,
Der sich meinem Blick hier beut,
Doch dazu gab ich dem Menschen
Starken Willen und das Reich
Über seine Leidenschaften,
Auf daß jeder tüchtig sei,
Durch sein Tun sich selbst zu adeln;
Und so laß ich alle frei
Heute ihre Rollen spielen.
Doch, wie bunt die Wirrung sei,
Im Zusammenspiel beacht ich
Jeglichen für sich allein,
Allen das Gesetz verkündend:

DAS GESETZ

Tue recht – Gott über euch! –
Wiederholt schon jedem einzeln

Sowie allen im Verein
Sagt ich's – und so wird ihr Irrtum
Künftig ihre Schuld auch sein. –
Sollst, gleich dir, den Nächsten lieben,
Tue recht, Gott über euch!

DER KÖNIG

Da uns all' zu einem Schauspiel
Dieses Lebens hat vereint,
Freundlich auch dieselben Pfade
Allen Wanderern gemein,
So laßt durch Gespräch den Weg uns
Kürzen in Vertraulichkeit.

DIE SCHÖNHEIT

's gäb' ja nimmer eine Welt
Ohne die Geselligkeit.

DER REICHE

So bring jeder ein Geschichtchen.

DER WEISE

Zu weitschichtig möcht' das sein,
Besser scheint's, daß jeder sage,
Was er still im Herzen meint.

DER KÖNIG

Bedenk ich meines Reiches Hochgewalten,
Steh ich vor Glanz in Staunen oft verloren,
Ob der geheimnisvollen Macht der Horen,
So wunderbaren Wechsel zu entfalten.

Für mich die Felsenschlösser Wache halten,
Vasallin ward die Schönheit mir geboren,
Und was da niedrig, was zu Pracht erkoren:
Triumphe sind es für des Schicksals Walten.

Soll's, so ein vielgestaltet Ungeheuer,
Das soviel Köpfe mir entgegenbäumet,
Mit sichrer Hand zu bänd'gen mir gelingen:

Oh, so gib, Himmel, mir der Weisheit Feuer!
Denn eitel Menschenkraft vergeblich träumet,
Ein Joch so vielen Nacken aufzuzwingen.

DIE WELT

Gleich wie Salomon erfleht er
Sich des Herrschers Wissenschaft.

EINE STIMME

(singt von der Grabespforte her.)
König dieses schwanken Reiches,
Lasse, laß den stolzen Wahn,
Denn schon dunkelt rings die Bühne,
Deine Rolle ist vollbracht.

DER KÖNIG

Daß verklungen meine Rolle,
Eine Stimme zu mir sang –
Oh, wie mir das Herz sich wendet
Bei dem schauerlichen Klang!
Ist's zu Ende nun, so muß ich
Weichen – doch wo tret' ich ab?
Dorthin zu der ersten Türe,
Wo ich meine Wiege sah,
Ist der Pfad verweht, ich kann
Nicht zurück mehr; o wie hart,
Keinen einz'gen Schritt zur Wiege
Lenken dürfen! Nach dem Grab
Zielen alle – Kehrt der Strom,
Der als Meeresarm entsprang,

Doch zum Meer zurück, die Quelle,
Die sich frisch dem Strom entschwang,
Wird einst wieder Strom, das Bächlein,
Das sich aus der Quelle schlang,
Wieder Quell – und nur der Mensch,
Der im Kern des Seins erwacht,
Kehrt zur Kluft, um – er allein –
Nicht zu sein mehr, was er war? –
Doch da ausgespielt die Rolle,
Meister, der uns überwacht!
So verzeihe, wo ich fehlte –
Sieh, bereuend steh ich da.
(Er entfernt sich durch die Grabespforte, durch welche auch die andern späterhin abgehen.)

DIE WELT
Gut beschloß er seine Rolle,
Da er um Vergebung bat.

DIE SCHÖNHEIT
Seht, inmitten der Vasallen,
In der Blüte seiner Pracht
Sank der König.

DER LANDMANN
Sinkt im Mai
Regen nur auf meine Saat,
Wird, mit Brot und ohne König,
Leichter noch das Jahr vollbracht.

DER WEISE
Und doch – 's ist ein großer Schmerz.

DIE SCHÖNHEIT
Und Verwirrung mannigfach.
Was nun ohne ihn beginnen?

DER REICHE

Laßt uns plaudern vor wie nach;
Sag nun du uns, was du denkest?

DIE SCHÖNHEIT

Nun, ich habe mir gedacht –

DIE WELT

Wie sich Lebende schnell trösten
Über des Geschiednen Grab!

DER LANDMANN

Ja, zumal, wenn der Verstorbne
Ihnen viel verlassen hat.

DIE SCHÖNHEIT

Bedenk ich meiner Schönheit duftig' Schweben,
Neid ich den König nicht um seine Prachten.
Als herrlicher muß ich den Thron betrachten,
Auf den mich meiner Schönheit Zauber heben.

Denn herrscht der König über schwanke Leben,
Und über Seelen ich, die nie vernachten,
So kann ich höher wohl mein Reich erachten,
Dem über Ew'ges ward die Macht gegeben.

Es haben »eine kleine Welt« die Weisen
Den *Mann* genannt; nun wohl, beherrsch ich diesen,
Und herrscht ein Himmel überm Weltgewimmel:

So darf mein göttergleiches Los ich preisen,
Denn wenn die Männer eine Welt umschließen,
So ist fortan das Weib ein kleiner Himmel.

DIE WELT

Sie gedenket nicht der Mahnung

Des Ezechiel, der da sagt,
Daß der Schönheit Reiz durch Hochmut
Ward verkehrt in Mißgestalt.

GESANG DER STIMME

(draußen.)
Du, der Menschen holde Schönheit,
Blume, allzufrüh erwacht,
Welke! Denn in deinen Morgen
Dämmert schon herein die Nacht.

DIE SCHÖNHEIT

Daß die Schönheit untergehe,
Sagt ein trauriger Gesang –
Geh nicht unter, geh nicht unter,
Kehr zu deinem ersten Glanz! –
Aber weh mir! Keine Rose,
Weiße, rote, blüht im Land,
Die nicht bei der Lüfte Kosen,
In der Sonne Liebesstrahl
Bleichend ihren Schmuck verstreute;
Alle sinken, Blatt auf Blatt,
Keine, keine legt das Brautkleid
Ihrer Knospe wieder an! –
Doch was kümmert mich's, daß Blumen,
Der Aurora leichter Kranz,
Welken müssen, wenn die Sonne
Mit dem Scheidekuß versank?
Ist wohl meinem Los vergleichbar
Irgendeiner Blume Pracht,
Die stets nur aus halbem Sein
Ins Nichtsein hinüberrankt?
Nein, nein! *Höh're* Blume bin ich,

Von so großer Dauerkraft,
Daß die Sonne nicht mein Ende
Schaut, die mich entstehen sah.
Ewig so, wie kann ich *enden?* –
Stimme, sprich, red' ich nicht wahr?

DIE STIMME

Ewig blühst du in der Seele,
Sterblich in des Leibes Haft.

DIE SCHÖNHEIT

Daß ich solcher Unterscheidung,
Ach, kein Wort entgegnen kann! –
Dorther von der Wiege kam ich,
Dorthin muß ich nun zum Grab. –
Wie betrübt's mich, daß ich besser
Meine Rolle nicht gemacht!
(Sie geht ab.)

DIE WELT

Gut beschloß sie ihre Rolle,
Da ihr Herz in Reue brach.

DER REICHE

Mitten aus der Lust, den Spielen,
Unter süßer Lauten Klang
Schwand die Schönheit.

DER LANDMANN

Blieb' nur Schinken
Und ein Schlückchen Wein im Schrank
Uns zum Osterfest noch, wenig
Frag ich nach der Schönheit dann.

DER WEISE

Dennoch – groß ist diese Trauer.

DER BETTLER

Und tief Mitleid uns erfaßt;
Was nun sollen wir beginnen?

DER REICHE

Ei, wir plaudern vor wie nach.

DER LANDMANN

Denk ich mir, wie ich mich quäle,
Grab und hau vor Angst und Treue,
Wie ich keine Hitze scheue
Und auf jeden Nachtfrost schmäle:
Und seh dann so träg die *Seele,*
Schimpf ich oft sie lau und matt,
Daß für Korn und Frucht und Blatt
Sie stets Lob und Dank will sagen
Nur dem Acker, der's getragen,
Und nicht Gott, von dem er's hat.

DIE WELT

Schon naht sich der Dankbarkeit,
Wer als Schuldner sich erkannt.

DER BETTLER

Zu dem Landmann neigt mein Herz sich,
Obgleich er vorher mich schalt.

DIE STIMME

Landmann! Deiner Not und Mühen
Vorbestimmtes Ziel ist da.
Andern Acker wirst du bauen –
Wo? ist Gott allein bekannt.

DER LANDMANN

Stimme, wenn von solchem Spruche
Jemals noch Berufung galt,
Mit Vergunst, so appellier ich

An die höhere Instanz.
Warum grade jetzt schon sterben?
Paßt doch bessern Zeitpunkt ab!
Soll ich mindstens einst nicht sehen
Meine weggeworfne Saat?
Daß ich ein nichtsnutz'ger Bauer,
Sagt' ich ja voraus; das sagt
Auch mein Weinberg, der mit Disteln
Und den schönsten Blumen prangt,
Denn so hoch floriert das Unkraut,
Daß, wer just nicht gar zu nah,
Sich den Kopf zerbricht, ob's Weizen
Oder Rebe, was er sah.
Wuchert Nachbars Korn zum Staunen
Unverschämt und riesenhaft:
Hält sich meins zum Zwerggeschlechte,
Das kaum aus dem Grase ragt.
Wer das hört, könnt' freilich meinen,
Wenn das Feld so fahl und kahl,
Schlüg' ja, wie bestellt, mein letztes
Stündlein. Ja, warum nicht gar!
Denn besteht schon, wer den Erben
Volle Scheunen hat vermacht,
Nicht ganz gut vor seinen Vätern –
Wie nun gar mit leerer Hand?
Doch jetzt gilt's, nicht lange fackeln,
Da die Todesstimme sprach
Und zugleich mit offnem Rachen
Schon das Grab dort nach mir schnappt.
Fehlte ich in meiner Rolle,
Ficht mich nur der Kummer an,

Daß ob meiner wen'gen Reue,
Mich nicht größrer Kummer plagt. *(Ab.)*

DIE WELT

Anfangs hielt ich ihn für dümmlich,
Doch jetzt zeigt er durch die Tat,
Daß mein rasches Urteil irrte –
Gut beschloß der Ackersmann.

DER REICHE

Von den Spaten und den Pflügen,
Müde aus des Staubes Qualm
Ist der Landmann nun geschieden.

DER BETTLER

Und wir schaun voll Sorgen nach.

DER WEISE

Welcher Kummer!

DER BETTLER

Welch Bedrängnis!

DER WEISE

O Betrübter –

DER BETTLER

Unglückstag!

DER WEISE

Was nun ohne ihn beginnen?

DER REICHE

Weiter plaudern vor wie nach. –
Nach dem Beispiel all der andern
Sag auch ich, was ich gedacht:
Wer sah ohne Schreck dies Leben,
Einer zarten Blume gleich,
Sich im Morgentau erheben
Und im Abendrot schon bleich?

Muß es denn so schnell entschweben,
Nun, so spart vergebne Not
Und genießt, was man euch bot!
Laßt den Bauch zum Gott uns machen,
Heut noch essen, trinken, lachen,
Denn wer weiß, wer morgen tot!

DIE WELT

Das ist ja ein saubres Sprüchlein,
Recht nach Heidensinn und Art,
Wie schon Isaias sagte.

DER WEISE

Wer kommt jetzt?

DER BETTLER

Ich folge nach.
Fluch dem Tag, da ich erwacht,
Um die harte Welt zu sehen,
Und verflucht die falsche Nacht,
Wo ich zu so herben Wehen
Ward gezeugt! – Umschlinge sacht
Trüber Nebel Berg und Tale,
Daß der Sonne reines Licht
Nimmermehr sie rosig male
Und kein Strahl die totenfahle,
Schwere Wolkenwucht durchbricht.
Ew'ge Nacht deck' alle Dinge
Grauenvoll mit dunkler Schwinge,
Und daß durch die Wolkenrisse
Nie ein Blick zum Himmel dringe,
Balle sie die Finsternisse,
Lösche aus der Funken Pracht,
Die des nächt'gen Wandrers Wonne,

Und der Tag sei ohne Sonne,
Sternenlos die öde Nacht! –
Herr! Nicht darum so verloren
Siehst du mich in wildem Schmerz,
Weil zur Armut ich erkoren,
Nein, nur *das* bricht mir das Herz,
Daß in Sünden ich geboren.

DIE WELT

Ha, der spiegelte recht täuschend
Der Verzweiflung Wesen ab!
Denn auch Hiob einst verfluchte
Ebenso der Sünde Schmach.

DIE STIMME

Streng bemessen ist das Glück,
Streng bemessen ist die Qual,
Von den Qualen, von dem Glücke
Gebt nun beide Rechenschaft!

DER REICHE

Weh mir!

DER BETTLER

Welch frohe Kunde!

DER REICHE

Wie! bei dieses Rufes Klang
Bebst du nicht zusammen?

DER BETTLER

Ja.

DER REICHE

Und bist nicht auf Flucht bedacht?

DER BETTLER

Nein, denn diese Schauer rieseln
Jeglichem durch Bein und Mark,

Fühlt der schwache Mensch voll Zagen
Die Gerichte Gottes nahn.
Doch wo alle Flucht vergebens,
Wenn sogar die heil'ge Pfalz
Nicht den König, und die Schönheit
Nicht die eigne Glorie barg:
Wohin sollt' die Armut fliehen?
Nein, viel tausend-, tausendmal
Dank ich ihm, daß er nun endet
Mit dem Leben meine Schmach.

DER REICHE

So ganz ohne Herzeleid
Trittst du von der Bühne ab?

DER BETTLER

Da ich hier nichts Liebes lasse,
Geh ich willig diesen Pfad.

DER REICHE

Und ich wie geschleift vom Henker,
Denn mein Herz bleibt bei dem Schatz.

DER BETTLER

Welche Freude!

DER REICHE

Welche Trauer!

DER BETTLER

Welche Tröstung!

DER REICHE

Welche Qual!

DER BETTLER

Welch Vergnügen!

DER REICHE

Welche Schmerzen!

DER BETTLER

Welches Glück!

DER REICHE

O harter Fall!
(Beide gehen ab.)

DIE WELT

Wie so anders ist des Reichen
Und des Bettlers Todesbahn!

DER WEISE

Auch sie scheiden – auf der Bühne
Steh nur ich allein noch da.

DIE WELT

Unter allen hält die Kirche
Stets am längsten bei mir stand.

DER WEISE

Nicht die hehre Kirche bin ich;
Sie besteht, *ich* muß hinab,
Denn nur einer ihrer Diener
War ich hier aus eigner Wahl.
Doch dem Ruf der Todesstimme
Eilt' ich sehnsüchtig voran,
All mein Tun und Sein versenkend
Lebend schon ins stille Grab.
Und so schließ ich heut das Schauspiel,
Morgen spielt der andre Akt –
Und ihr, bessert euch für morgen,
Die ihr heut uns irren saht!
(Der Vorhang der untern Erdenbühne fällt.)

DER MEISTER

Straf' und Lohn verhieß ich jedem,
Wer da schlecht, wer gut bestand;

Kommt nun allzumal herbei,
Lohn und Strafe zu empfahn!
(Die Himmelsbühne schließt sich ebenfalls.)

DIE WELT

Kurz war das Schauspiel; aber wann verwehen
Nicht rasch des Lebens Spiele, kaum erklungen,
Wo alles nur ein Kommen ist und Gehen,
Das keinen überrascht, der's recht durchdrungen?
Verödet schon seh ich die Bühne stehen;
Zu ihrem Urstoff, dem sie sich entrungen,
Kehrt nun die Form, die jeder angenommen;
Staub scheiden sie, da sie als Staub gekommen.

Von allen jetzt, vom Kön'ge bis zum Bauer,
Fordr' ich zurück, was sie von mir erbeutet
An eitlem Tand für dieses Schauspiels Dauer,
Daß jeder scheine, was sein Part bedeutet.
An diese Tür stell ich mich auf die Lauer,
Und wer da meine Schwelle überschreitet,
Leg ab, was er an Schmuck mir hat entnommen,
Denn Staub sei wieder, wer als Staub gekommen.

(Der König tritt auf.)
Du, der zuerst aus diesem Tor gezogen,
Sprich, welche Rolle hattest du empfangen?

DER KÖNIG

Du frägst? Vergißt die Welt so schnell des Hohen?

DIE WELT

Die Welt wirft hinter sich, was da vergangen.

DER KÖNIG

Mir untertan war, was der Sonne Lohen,

Wann sie aufatmet an Auroras Wangen,
Bis träumrisch sie ins Schattenreich gesunken,
Vergoldend übersprüht mit Feuerfunken.
Ich war's, dem die Gewalt man anvertraute,
Der andre sonnt' mit seines Ruhmes Lichte,
Der Siegesbogen erbt' und neue baute,
Der mit den Völkern einst ging ins Gerichte,
Der sinnend nach den höchsten Gütern schaute,
Der mit dem Schwerte schrieb die Weltgeschichte
Und über sich den Thronenhimmel glänzen
Von Purpur sah, von Kron' und Lorbeerkränzen.

DIE WELT

So löse denn, verlaß, wirf hin die Krone,
Leg ab die Majestät, vom stolzen Schlosse
Verbannt, vergessen, wie zu herbem Hohne,
Scheid nackt und bloß aus dieses Lebens Posse!
Der Purpur, den du rühmst in hohem Tone,
Bald hüllt sich drein ein anderer Genosse,
Nichts nimmst du mit von allem, was da glänze,
Mir bleiben Purpur, Kron' und Lorbeerkränze.
(Sie entkleidet ihn.)

DER KÖNIG

Hast du nicht selber mir den Schmuck verliehen?
Warum nun nimmst du, was du kaum gespendet?

DIE WELT

Weil's nicht verliehn dir wurde, nur geliehen
Für kurze Frist, bis du dein Spiel geendet.
Laß nun für andre deine Reiche blühen
Und alle Herrlichkeit, die dich geblendet.

DER KÖNIG

Wer möcht' fortan an deine Macht noch glauben,

Vermagst du nichts zu geben, nur zu rauben!
Was nun vor andern hab ich zum Gewinn,
Daß ich den Zepter auf der Welt geführet?

DIE WELT

Lohn oder Zücht'gung wird dir zum Gewinne
Von deinem Herrn, der weiß, was dir gebühret.
Ich frage nicht, ob du nach seinem Sinne
Den König wacker oder schlecht agieret,
Mich kümmert nur der Schmuck, den du entnommen,
Denn du mußt von mir gehn, wie du gekommen.
(Die Schönheit tritt auf.)
Was spieltest du?

DIE SCHÖNHEIT

Das Zauberspiel der Blicke.

DIE WELT

Was gab ich dir?

DIE SCHÖNHEIT

Der Schönheit süß'stes Prangen.

DIE WELT

Wo hast du sie?

DIE SCHÖNHEIT

Sie blieb im Grab zurücke.

DIE WELT

Es schauert die Natur in leisem Bangen,
Sieht sie die Schönheit von so schwankem Glücke,
Daß sie, eh' sie noch heimkehrt, schon vergangen;
Und wie ich auch nach ihr zurück mich sehne,
Verloren ist, so dir wie mir, die Schöne.
Der König mußt' sein Reich mir wiedergeben
Und alles Hohe seinen Glanz mir lassen,
Nur Schönheit wendet sich, verhaucht ihr Leben,

Sieht ihre Herrin sterbend sie erblassen. –
Schau in den Spiegel hier!

DIE SCHÖNHEIT

Ich seh's mit Beben.

DIE WELT

Wo hast du deiner Reize Schmuck gelassen,
Die ich dir einst geliehn? Gib sie mir wieder!

DIE SCHÖNHEIT

Sank alles, alles dort im Grabe nieder.
Dort ließ ich den Jasmin und die Korallen,
Dort sah ich Mund und Wangen leis erbleichen,
Dort, Blatt um Blatt, die Rosen, Nelken fallen,
Dort graue Nacht den Frühling überschleichen,
Dort trübten sich die spiegelnden Kristallen,
Dort brachen meines Zaubers Stab und Zeichen,
Dort gingen unter meiner Augen Schimmer,
Dort blieb von aller Schönheit nicht ein Trümmer.
(Der Landmann tritt auf.)

DIE WELT

Ha, Bauer, was warst du?

DER LANDMANN

Nun, Bauer eben,
Weil ich's sein *mußte.* Aber bleib nur sitzen,
Der Bauer beißt nicht. – Ja, *den* Titel geben
Die Fante uns, für die im Feld wir schwitzen.
Ich bin's, den manche, die bei Hofe leben,
Vornehm gesegenen mit schlechten Witzen,
Ich bin's – und daß ich's bin, soll mich nicht plagen –
Zu dem ihr: »Du« und »Er« beliebt zu sagen.

DIE WELT

Gib her, was ich dir lieh.

DER LANDMANN

Du, mir geliehen?

DIE WELT

Ein Spaten war's.

DER LANDMANN

Das lohnt auch noch zu schwatzen!

DIE WELT

Gleichviel! Darfst nicht damit von dannen ziehen.

DER LANDMANN

Nun, da möcht' einem doch die Galle platzen!
Seht die vertrackte Welt! Erst ab mich mühen,
Mit Not das bißchen Brot zusammenkratzen,
Und jetzt, da wir hier auseinanderrennen,
Nicht so ein lumpig Grabscheit mir zu gönnen!
(Der Reiche und der Bettler treten auf.)

DIE WELT

Wer naht?

DER REICHE

Wer nimmer möchte von dir scheiden.

DER BETTLER

Und wer von dir zu scheiden stets verlangte.

DIE WELT

Wie kommt es, daß zur selben Zeit euch beiden
Zu lassen mich und nicht zu lassen bangte?

DER BETTLER

Weil ich viel bittre Armut mußte leiden.

DER REICHE

Und ich mit Schätzen übermächtig prangte.

DIE WELT

Her dein Geschmeid.
(Sie nimmt ihm seinen Staat.)

DER BETTLER

Schau, wie ich sicher baute,
Hab nichts, das mir der Welt zu lassen graute.
(Das Kind kommt.)

DIE WELT

Auch dich sah ich doch zum Theater streben,
Warum erschienst du niemals in dem Stücke?

DAS KIND

Du nahmst in einem Grabe mir das Leben,
Im Grab laß ich, was du mir gabst, zurücke.
(Der Weise tritt ein.)

DIE WELT

Was hatt' ich *dir* zum Schmucke mitgegeben?
Sprich, was erbatst du an des Lebens Brücke?

DER WEISE

Ein härnes Kleid, das ich demütig trüge,
Die Geißel, das Gebet und innre Gnüge.

DIE WELT

So gib mir's wieder nun, man soll nicht wähnen,
Daß *einer* nur sein Ehrenpfand vertrage.

DER WEISE

Ich wollte, das Gebet, die Lust der Tränen
Verblieb' der Welt bis an das End' der Tage;
Doch scheiden sie mit mir, auf daß dich Sehnen
Dir selbst entschwing' mit kühner'm Flügelschlage –
Versuch's, ob du's vermagst, sie zu erfassen.

DIE WELT

Kann nicht – muß dir die guten Werke lassen,
Das einzige, das ihr der Welt entrungen.

DER KÖNIG

Oh, wer doch nimmer nach Gewalt getrachtet!

DIE SCHÖNHEIT

Und nimmer nach der Schönheit Huldigungen!

DER REICHE

Oh, hätt' ich nie mit Schätzen mich befrachtet!

DER LANDMANN

Oh, wer den Spaten rüst'ger doch geschwungen!

DER BETTLER

Oh, wer in größern Nöten noch geschmachtet!

DIE WELT

Zu spät – was schauert ihr? – im Sterben
Mag sich nicht Palmen mehr der Mensch erwerben.
Und da ich ausgelöscht der Schönheit Züge
Und, was gewaltig war, gestürzt nun habe,
Da ich verstört des Hochmuts eitle Flüge,
Den Zepter gleichgemacht dem Bettelstabe:
So gehet vom Theater denn der Lüge
Ein in das Reich der Wahrheit aus dem Grabe!

DER KÖNIG

Wie anders, als da ich jetzt wiederkehre,
Empfingst du damals uns!

DIE WELT

Merk dir die Lehre:
Naht sich Fortuna, lächelnd zu beglücken,
Schau, wie devot der Mensch sich vor ihr schmiege!
Doch kehrt sie einmal spröde ihm den Rücken,
Ballt drohend er die Fäuste wie zum Kriege.
Die offne Wiege, zärtlich fast erdrücken
Möcht' sie den Menschen, doch dieselbe Wiege,
Einst umgekehrt, wird dich als Sarg umfassen –
Wieg', Sarg bin ich beim Willkommen und Entlassen.

DER BETTLER

Da die Welt hier so tyrannisch
Uns aus ihrer Mitte forttreibt,
Laßt uns zu dem Gastmahl gehen,
Das zu unsers Spieles Lohne
Uns der Meister hat verheißen.

DER KÖNIG

(zum Bettler.)
Höhnst du also meine Hoheit,
Daß du's wagst voran zu gehn?
Hast du gar so schnell verloren
All Erinnern, plumper Bettler,
Daß du als mein Knecht geboren?

DER BETTLER

Deine Rolle ist zu Ende.
In des Grabes Garderobe
Sind wir all einander gleich;
Was du *warst*, kann wenig frommen.

DER REICHE

Wie! Vergißt du, daß du gestern
Mich noch bettelnd angesprochen?

DER BETTLER

Und vergißt du, daß du mir
Nichts gegeben?

DIE SCHÖNHEIT

Schon enthoben
Wähnst du dich der schuld'gen Achtung,
Die man hohen Damen zollet?

DER WEISE

Alle gleichen wir einander
Hier an dieser stillen Pforte,

Im armsel'gen Grabeskittel
Gilt nicht mehr gering noch vornehm.

DER REICHE

(zum Landmann.)
Fort doch, aus dem Wege, Bauer!

DER LANDMANN

Laß nun endlich deine Possen!
Tot ist tot, und nur noch Schatten
Bist du deiner frühern Sonne.

DER REICHE

Weiß nicht – vor des Meisters Anblick
Will mir fast der Atem stocken –

DER BETTLER

Meister Himmels und der Erde!
Die, nach deinem Machtgebote,
Dieses kurzen Menschenlebens
Schauspiel vorgestellt, sie kommen
Alle nun zum großen Gastmahl,
Das du ihnen einst versprochen.
Laß das Lichtgewölk sich teilen
Vor dem Glanze deines Thrones!
(Musik. Währenddes erschließt sich noch einmal die Himmelsbühne und zeigt einen Tisch mit Kelch und Hostie, an welchem der Meister sitzt.)

DER MEISTER

Schon harrt euer dieser Tisch
Und das Brot, vor dem erschrocken
Sich die Hölle beugt und alle
Himmel in Beschaun verloren.
An der Zeit ist's, zu verkünden,
Wer jetzt mit mir tafeln soll,

Denn aus meiner Nähe müssen
Scheiden nun, die ihre Rollen
Dort verfehlt, auf daß besel'gend
Sie Erkenntnis überkomme
All des Heiles, das ich ihnen
So barmherzig dargeboten.
Sei der Bettler und der Mönch
Denn zum Ehrentisch erhoben;
Essen sie auch nicht dies Brot,
Da sie schon der Welt entnommen,
Ist's doch Labsal, anzubeten
Das Mysterium der Wonne.

DER BETTLER

(zu der oberen Bühne aufsteigend.)
Ich Glücksel'ger! o wer härt're
Not doch über sich genommen,
Da, was ich um Gott erlitten,
Nun mein Haupt umglänzt als Glorie!

DER WEISE

(ebenso.)
O ich hochbeglückter Büßer,
Dem so hehres Los erobert
Seine herbe Strenge! Selig,
Wer da Tränen hat vergossen
Und als Sünder sich bekannt!

DER KÖNIG

Mitten in dem Glanz der Hoheit
Fleht' ich, Herr, nicht um Erbarmen?
Warum hast du mich verworfen?

DER MEISTER

Schönheit und Gewalt, hochmütig

Hatten sie sich überhoben,
Doch bereut auch. Beide seien,
– Jedoch später – aufgenommen.
Ebenso gescheh' dem Landmann.
(zum Bettler.)
Wenn er dir nichts geben mochte,
War's nicht Herzenshärtigkeit,
Seine Absicht war zu loben,
Nur verblümt auf seine Art,
Als er damals dich gescholten,
Um dir durch sich selbst zu helfen.

DER LANDMANN
Ja, das war es, was ich wollte,
Denn ich haßt' die Vagabunden.

DER MEISTER
(zu der Schönheit, dem Könige und dem Landmann.)
So gewärtigt künft'gen Lohnes,
Da ihr, eure Schuld bereuend,
Um Barmherzigkeit geworben!
Im Fegfeuer nun ihr drei
Harret büßend, bis gekommen
Eure Zeit.

DER WEISE
O heil'ger Meister!
Da ich wankt', die Hand geboten
Hat der König mir; die meine
Biet ich jetzt in seiner Not ihm.
(Er reicht dem Könige die Hand und hebt ihn empor.)

DER MEISTER

Und ich kürze seine Buße,
Da die Kirche ihn empfohlen.
Fliegt, Jahrhunderte, dahin!
Überwunden hat sein Hoffen.

DER LANDMANN

Regneten doch auf mich nieder
So viel Bullen für Verstorbne
Und so hageldicht, daß eine
In der Luft die andre stoße!
Denn des heil'gen Vaters Briefe,
Die aus Rom zu Hilfe kommen,
Machen wunderbar die Riegel
Dieses düstern Kerkers loser.

DAS KIND

(zum Meister.)
Fehlt' ich nicht in meiner Rolle,
Warum wird mir nichts zum Lohne,
Hoher Herr?

DER MEISTER

Weil allzuwenig
Du gerungen. Nicht belohnen
Noch bestrafen kann ich dich;
Schuldlos, doch in Schuld geboren,
Bleibt dir Lohn und Strafe fremd.

DAS KIND

Tiefe Nacht hält mich umschlossen,
Wie im Traume steh ich blind
Ohne Schmerz und ohne Wonne.

DER REICHE

Seh ich König dort und Schönheit,

Bloß weil Weltruhm sie verlockte,
Trotz der Tränen, die sie weinten,
So im Innersten erschrocken,
Und den Bauer, unter Seufzen,
Daß es Steine rühren sollte,
Ungewiß und bebend zaudern,
Hier emporzuschaun zu Gottes
Furchtbar strengem Angesicht –
Wie wagt' ich den Blick nach oben? –
Doch ich muß – wo flöh' ich hin,
Da kein Winkel bleibt verborgen
Vor dem schrecklichen Gericht?
Meister!

DER MEISTER

Unglücksel'ger, stockt dir
Nicht die Stimme bei dem Namen?
Hättst du nie ihn ausgesprochen!
Denn hier aus der Zahl der Meinen
Bist fortan du ausgestoßen.
Steig zu der verlornen Nacht
Nieder nun, wo deine stolzen
Lüste dich in Ewigkeit
Zwischen Furcht und Qualen foltern.

DER REICHE

Wehe! an mein Schattenbild
Festgeschmiedet, glutumlodert,
Stürz ich nieder – stürzt mir nach!
Unter eurem starren Bogen,
Um mich vor mir selbst zu bergen,
Deckt, begrabt mich Felskolosse!

DER WEISE

Ew'ge, ew'ge Seligkeit!

DIE SCHÖNHEIT

Einst wird sie auch mir erschlossen!

DER LANDMANN

Schönheit, so mit bloßen Wünschen
Sollst du mir zuvor nicht kommen!

DAS KIND

Keine Seligkeit für mich!

DER REICHE

Und für mich fortan kein Hoffen!

DER MEISTER

Die vier letzten Dinge hat hier
Euer Auge wahrgenommen.
Doch weil eines von den vieren
Schließlich muß zu Ende kommen.
Nach dem Wesen dieser Dinge,
So sei zur geheimnisvollen
Tafelrunde nun die Schönheit
Und der Landmann aufgenommen,
Da sie schmerzensreich die Stufen
Schon der Seligen erklommen.

DER REICHE

O des Neides!

DER KÖNIG

Welch ein Sieg!

DIE SCHÖNHEIT

(oben anlangend.)
Welche Freude!

DER LANDMANN

(ebenso.)

Ha, Viktoria!

DER REICHE

Welche Schmerzen!

DER WEISE

Welcher Trost!

DER BETTLER

Welche Labung!

DER REICHE

Oh, verloren!

DAS KIND

Schmerz und Wonne überall,
Nur für mich nicht Schmerz noch Wonne!

DER MEISTER

Da des Himmels Engelscharen,
In der Hölle die Dämonen
Und die Menschen auf der Welt
All sich beugen vor dem Brote,
Sollen durch die Himmel, Hölle
Und die Welt zu seinem Lobe
Süße Stimmen widerhallen
Rings in unermeßnem Chore.
*(Musikklänge, man hört in der Ferne
das Tantum ergo singen.)*

DIE WELT

Und da dieses ganze Leben
Eben nur ein Schauspiel vorstellt,
Oh, so werde dem wie jenem
Nachsicht hier wie dort zum Lohne!

NACHWORT

Don Pedro Calderón de la Barca, Shakespeares großer Gegenpart, wurde am 17. Januar 1600 in der Hauptstadt Spaniens geboren. Er war der Sprößling einer alten, im hohen Norden des Landes beheimateten Adelsfamilie, die es sich zum besonderen Ruhme anrechnete, in ihrem Stammschloß einst Franz von Assisi beherbergt zu haben. Seine erste Ausbildung erhielt der junge Pedro daheim bei den Jesuiten, den Haupterziehern der damaligen katholischen Welt; später besuchte er die Universitäten Alkala und Salamanka. Die Familie erwartete, daß er Geistlicher würde, der Dichter aber trat in den Dienst verschiedener Granden, machte Feldzüge mit und lebte vor allem der Poesie, der er schon als Student erfolgreich zugetan war. Der große Dramatiker Lope erkannte bald seine überragende Bedeutung an, und Philipp IV. machte ihn gar zum Hofdichter. Im Jahre 1650 kam die Grundstimmung seines Herzens, die trotz mancher temperamentvollen Streiche stets ausgesprochen religiös war und sich bereits in gewaltigen geistlichen Dramen dokumentiert hatte, entscheidend zum Durchbruch: Calderón wurde trotz seiner fünfzig Jahre Priester. Er fand Anstellung an der Primatialkirche Spaniens, am Dom zu Toledo, kam später aber wieder als Ehrenkaplan des Königs in die Residenz zurück. Der große Mann verschied am Pfingstmontag 1681. Gütige Leute sollen daran gedacht haben, seine Heiligsprechung zu beantragen, immerhin ist ihm der Titel des katholischen Dramatikers schlechthin zuteil geworden.

Für das heroische spanische Volk, das den Islam nach Afrika zurückwarf, das als erstes die Wunder der Neuen Welt schaute und in den politischen Wirren des 16. und 17. Jahrhunderts für den Katholizismus tragisch verblutete, ist Calderón in allem, in Kraft wie Unkraft, das Rassesinnbild.

Diese Kongruenz von Person und Nation, die an Homer und sein Griechenland denken läßt, gibt dem Dichter die großen Umrisse und rückt ihn in fast mythische Verklärung. Darüber hinaus verkörpert Calderón auch die internationale Geistesbewegung des Barock, der letzten abendländischen Kulturwelle, die einen Hauptquell in den großen spanischen Gestalten Ignatius und Teresa hatte, Geister wie Lugo, Suárez, Lope, Cervantes, Murillo, Velázquez, Quevedo u. a. hochtrieb, auf Gesamteuropa übersprang und dort auf allen Gebieten der Kultur ähnliche Begabungen zeugte. Es war wie ein gegenreformatorischer Orkan, der Humanismus, Renaissance und Protestantismus fortfegen wollte. Calderón ist auf dem Gebiete der Poesie der vollste Inbegriff jenes feurigen Kulturwillens. Wie Dante den mittelalterlichen, vertritt der Spanier vollauf den nachmittelalterlichen Katholizismus. Die großen tridentinischen Ideen von Erlösung, Gnade, Freiheit, Transsubstantiation u. a. gehen deutlich durch seine Werke. Und eine gewaltige Kraft ist im Spiele: Außer dem spanischen wird auch das französische, italienische und süddeutsche Theater zur Gefolgschaft oder zum Gleichschritt gezwungen. Selbst im protestantischen Deutschland erschien Calderón schon zu Lebzeiten auf der Bühne. Der Klassizismus mußte ihn wenigstens als Lustspieldichter gelten lassen, und vor allem in der Romantik wurde sein Einfluß stark; Geister wie Goethe, Schlegel, Tieck, Grillparzer, Schelling, Immermann, Eichendorff, Brentano, Richard Wagner u. a. standen mehr oder weniger unter seinem Einfluß.

Das formgebende Prinzip der Poesie Calderóns ist der Katholizismus. Der Dichter war gewiß ein Kind seiner Zeit, deren Katholizismus nicht mit dem Katholizismus schlechthin zu identifizieren ist, aber im allgemeinen wird bei ihm die innere Form, d. h. die Art, wie die Probleme gelöst werden, vom rein katholischen Gedanken bestimmt. Calderón steht nicht auf dem autonomistischen Grunde Shakespeares, seine Gestalten beugen sich unter Gottes Gnade oder zerschellen an ihr, die Schöpfung ist eine große Allegorie des Ewigen, unter dessen Sonne die Schatten des streng genommen Tragischen verschwinden. Gewaltige Offenbarungen der Geltung des christlichen Geistes für den Bereich des Dramas sind Werke wie ›Das Leben ein Traum‹, ›Die Andacht zum Kreuze‹, ›Der standhafte Prinz‹, ›Der wundertätige Magus‹ und vor allem seine ›Heilsspiele‹.

Künstlerisch gesehen, besteht Calderóns überragender Vorzug im Auffinden, Entfalten und Festhalten einer großen, das Ganze umspannenden Idee und in dem Sinn für das dramatische und kompositionelle Moment. Calderón weiß schon beim ersten Verse, was er will. Auch die verlockendste Einzelszene hält ihn nicht fest, wenn er für die Leuchtkraft seiner Grundidee, für den dramatischen Fortschritt und die Gesamtwirkung Gefahren merkt. Mit wunderbarer Klarheit und Sicherheit werden die Fäden der Handlung – namentlich in den ›Lustspielen‹ – verflochten und entwirrt; der Zuschauer geht heim mit dem Wohlbehagen, das stets Überlegenheit, Rundung und einheitlicher Guß zu geben vermögen. Nirgends kommt das hölzerne Gerüst der Technik zum Vorschein, und die theologischen Thesen setzen ihre theoretische Strenge in süße Anmut um. »Wenn man durch ist«, sagt Goethe vom ›standhaften Prinzen‹ des Dichters, »und die Idee sich wie ein Phönix erhebt, glaubt man, nie etwas Schöneres gelesen zu haben.« Calderóns Vorgänger Lope und Cervantes mögen über eine reichere Fülle des Lebens verfügen, aber sie zu formen verstehen sie nicht in dem Maße wie Calderón. Eine ganze Reihe seiner Werke zeigt eine Ausgeglichenheit, Reinheit und Rundung, die sie mit den gemessensten Gebilden des griechischen Theaters in Wettbewerb treten läßt. Auch durch Fruchtbarkeit – hat er doch rund zweihundert Bühnendichtungen hinterlassen – durch Charakterzeichnung und Sprachschönheit ist der Spanier ausgezeichnet. Doch sind seine Charaktere bisweilen zu hart reliefartig oder zu sprunghaft in der Entwicklung, und sprachlich findet er nicht so leicht den Naturlaut wie etwa Shakespeare, den er nur im Ideengehalt und im rein Theatralischen übertrifft.

Das große Welttheater gehört zu Calderóns ›Autos sacramentales‹, den Festakten zu Ehren des heiligen Sakramentes oder Fronleichnamsspielen. Ihren Namen verdanken diese Einakter dem Umstand, daß sie an Fronleichnam und während seiner Oktav zur Aufführung kamen und daß ihr Ziel das Lob der Eucharistie ist. Man gab die ›Autos‹ im Freien, in stilvollen Höfen oder auf öffentlichen Plätzen als offizielle Huldigungen der Gemeinden an den sakramentalen Gott. Sie stellen eine poetische Reaktion dar auf die eucharistischen Irrlehren der Reformationszeit. Erst Calderón hat das ›Auto‹ zu dem gemacht, was wir heute darunter verstehen. Mit seiner beispiellosen Begabung für Ideendichtung, seiner Gnade tiefer Beschauung, seiner Kraft, gewaltige Massen zu monumentaler Einfalt zusammenzuballen, hat er diese Art Dichtung zugleich auf eine Höhe gehoben, über die es kein Hinaus mehr gab. Das Calderónische ›Auto‹ wird vielfach als spezifisch christliche Bühnenkunst, als klarstes Gegenstück des antiken Dramas betrachtet. Statt des Fatums wird hier die Gnade der Erlösung formendes Prinzip, und die Schöpfung wird aus einem Wirrsal zur Allegorie der göttlichen Weisheit. An das eucharistische Thema bindet sich Calderón nicht sklavisch, oft genügt es ihm, es deutlich anklingen zu lassen; er liebt es, prägnante Compendien der ganzen Heils- und Weltgeschichte, oft von einer geistreichen Metapher getragen, auf die Bühne zu stellen. Als Stoff ist ihm sozusagen alles und jedes recht; er steigt in die Hl. Schrift, in die Mythologie, in die Weltgeschichte, in die Natur, ins Menschenleben, in den Alltag und weiß allem eine Wendung zu seinem Thema zu geben. Das Personal der ›Autos‹ ist meistens allegorischer Natur. Man hat die reiche Personifikation abstrakter Begriffe getadelt, aber im allgemeinen versteht Calderón es meisterhaft, diesen Gestalten doch wieder individuelles Leben und dramatisches Temperament zu geben. Jedenfalls hat das spanische Volk in seinen Heilsspielen – vielleicht bezeichnen wir die ›Autos‹ so am treffendsten – eine Unterhaltung gefunden, die für alle Zeit das Ideal seelischer Erhebung sein wird, indem sie mit den letzten und tiefsten Fragen der Weltanschauung verbunden war. Seit Äschylos und Sophokles war so etwas nicht mehr dagewesen.

Das große Welttheater gehört zum Anmutigsten und zugleich Stärksten, was sich unter Calderóns rund achtzig ›Autos‹ findet. Es ist ihm hier ein überzeugendes, geistvolles und plastisches Symbol der göttlichen Vorsehung und Weltregierung gelungen: Die Weltgeschichte und das Menschenleben ein Schauspiel, Gott der Leiter, die Welt die Bühne, die Menschen die Spieler! Das Gedankliche verklärt sich zu reinster Poesie. Die Aktion verläuft mit naiver Selbstverständlichkeit und feierlicher Würde. Erhaben und groß steigt die Welt aus dem Nichts herauf, bietet sich dem Schöpfer als Bühne dar und entrollt zunächst die Unterlage für das einzelne Menschengeschick, die Grundlinien der großen, allgemeinen Weltgeschichte. Nun verteilt Gott die Rollen an die noch ungeborenen Spieler, die Welt rüstet sie aus, und sie beginnen nach ihrer Eigenart sinnvoll zu agieren, wobei das Gebot der Nächstenliebe zum Prüfstein wird. Der Tod ruft nach und nach die einzelnen ins Grab, die Welt nimmt ihnen wieder, was sie für die Rolle gegeben, und in grandioser Schlußszene hält der göttliche Leiter seine Kritik. – Der Gegenwartsmensch, der sich in anderen sozialen Verhältnissen und vielfach auch in anderer seelischer Haltung als Calderón befindet, möchte vielleicht manches in anderer Auffassung sehen; ihm wäre z.B. eine noch tiefere Diskussion darüber lieb, ob unser Erdenwirken Schicksal oder Rolle, unfreies oder freies Agieren ist, er sähe den Reichen vielleicht lieber als unermüdlich sich bestockenden Großindustriellen nach bekannten Mustern denn als faulen Genießer, oder den Bettler als Proletarier von heute; aber auch so ist das Stück durch den sicheren, großen Wurf, die ewig gültigen Grundgedanken und den Zauber der Sprache bezwingend wie wenige Werke der Weltliteratur. Mit Neid und Sehnsucht schaut der innerlich zersplitterte moderne Mensch vor allem auf die Geschlossenheit und Klarheit dieser stillen, weihevollen Blüte und des weltanschaulichen Bodens, aus dem sie hervorbrach.

Das große Welttheater beruht ganz auf Calderóns freier und eigener Erfindung; höchstens könnte die mittelalterliche Totentanzdichtung leise mitgesprochen haben. Im Druck erschien es zum ersten Male 1677, in dem einzigen vom Dichter selbst herausgegebenen ›Autosbande‹. Die vorliegende Übersetzung stammt von Eichendorff; sie zählt zu den besten, die Calderón in Deutschland gefunden hat. Trotz der Hemmungen, die die übergewissenhafte Wiedergabe all der Assonanzen und Reime bereiten mußte, ist die Musik und der Duft des echt südländisch farbigen Originals in Eichendorffs Übertragung übergegangen.

Bernhard Michael Steinmetz